GUÍA DE LECTURA

Escrita por Cécile Perrel
Traducida por Marta Sánchez Hidalgo

Persuasión

de Jane Austen

Entiende fácilmente la literatura con

Resumen
Express.com

www.resumenexpress.com

JANE AUSTEN

ESCRITORA INGLESA

- **Nacida en 1775 en Steventon (Reino Unido)**
- **Fallecida en 1817 en Winchester (Reino Unido)**
- **Algunas de sus obras:**
    - *Orgullo y prejuicio* (1813), novela
    - *Emma* (1815), novela
    - *Persuasión* (1818), novela

Jane Austen es una mujer de letras inglesa nacida en 1775 y fallecida en 1817. Fue hija de un rector de la Iglesia anglicana, formó parte de la alta sociedad inglesa y creció rodeada de sus seis hermanos y su hermana. Como sus padres no tuvieron los medios para ofrecerle unos estudios superiores, debe su educación a su padre, a sus hermanos y a la biblioteca familiar, muy completa y a la que tuvo libre acceso. Nunca se casó y siempre vivió al lado de su familia.

Sus obras suelen ser una crítica de los novelas sentimentales de la segunda mitad del siglo XVIII. Jane Austen denuncia la dependencia de la mujer con su marido. Las principales novelas publicadas en vida son *Sentido y sensibilidad* (publicada de forma anónima en 1811), *Orgullo y prejuicio* (1813), *Mansfield Park* (1814) o *Emma* (1815).

PERSUASIÓN

UNA HISTORIA DE AMOR DE ORIGEN INCIERTO

- **Género:** novela
- **Edición de referencia:** Austen, Jane. *1997*. *Persuasión*. Traducido por M. Ortega y Gasset. Barcelona: Plaza y Janés Editores
- **Primera edición:** 1818
- **Temáticas:** amor, matrimonio, dinero, convencionalismos, educación de la mujer, feminismo

Persuasión es una novela publicada en 1818 a título póstumo. Cuenta la historia de Anne Elliot, una joven inglesa de veintisete años, que conoce por casualidad a Frederick Wentworth, al que le había rechazado la petición de matrimonio unos años antes. En esa época, la joven se había dejado persuadir que tal unión no presentaba ningún interés económico. Pero hoy en día, Anne se da cuenta de que siente algo por Mr. Wentworth y no sabe cómo actuar, más aún cuando hay problemas familiares que afectan su vida que hasta entonces estaba bien resuelta.

A través de estos encuentros cuyo origen permanece incierto a lo largo de la obra, Jane Austen aborda la posición de la mujer en la sociedad georgiana así como la vida mundana en Bath, ciudad balnearia muy en boga en el siglo XIX.

RESUMEN

CAPÍTULOS 1-5

Anne Elliot, una joven inglesa de veintisiete años, vive con su padre, Sir Walter Elliot, y su hermana mayor, Elizabeth, en las tierras familiares de Kellynch. La benjamina de la familia, Mary, vive cerca de allí en Uppercross con su marido, Charles Musgrove.

Sir Walter, que es vanidoso y bobo, se lleva especialmente bien con su hija mayor, que ha heredado su carácter. En casa de Lady Russell, en otro tiempo amiga íntima de su difunta madre, Anne encuentra consuelo y afecto.

Sir Walter está casi arruinado por vivir con muchas comodidades y gastar más de lo que los medios le permiten. La única solución viable es alquilar las tierras e instalarse en Bath, donde Lady Russell pasa cada invierno. El castillo familiar lo alquila al almirante Croft, que trabaja en la Royal Navy y a su esposa, de la familia Wentworth. Se trata de la hermana de Frederick Wentworth, con el que Anne estuvo a punto de casarse unos años antes. A la joven la presionaron para que rechazara la petición de matrimonio, Sir Walter porque encontraba esta unión deshonrosa y Lady Russell, porque la consideró desafortunada: el joven no era rico, no tenía relaciones y su puesto de oficial de la marina conllevaba muchos riesgos. Anne rechazó la propuesta siguiendo el consejo de su amiga, con pesar. Ocho años más tarde, Frederick Wentwort ha adquirido una gran fortuna, ha subido de rango y su situación es próspera.

Aunque la salida a Bath sea inminente Mary, enferma, reclama la presencia de Anne a su lado. Se decide que la joven se quedará junto a su hermana y que se reunirá con la familia más tarde.

CAPÍTULOS 6-13

La estancia de Anne en casa de los Musgrove se anuncia con buenos auspicios. Charles es un hombre encantador y Anne aprecia mucho a sus padres y sus dos hermanas, Henriette y Louise, que viven cerca.

Los Croft, los nuevos habitantes de Kellynch, llegan a su residencia y pronto anuncian la llegada del hermano de Madame, con gran aprensión de Anne que teme encontrarse ante su viejo amor. El reencuentro tiene lugar: los dos jóvenes son fríos y distantes.

A lo largo de los días, se establece una relación de amistad entre el joven Wentworth y los Musgrove, y una secreta esperanza nace en los últimos: la unión de una de sus hijas y Frederick, que parece más atraído por Louise porque Henriette está prácticamente comprometida con un vecino.

Cuando queda poco para que Anne se marche hacia Bath, se organiza una excursión de varios días a Lyme, un pequeño puerto vecino. Allí Anne se cruza varias veces con un hombre al que parece interesarle y que la observa con insistencia. Se informa y descubre que se trata de Mr. Elliot, presunto heredero de su padre que no es ni más ni menos que su propio primo. Ella no lo conoce porque el hombre cortó antes toda relación con esta rama de la familia.

Cuando el grupo se pasea por última vez antes de la vuelta, Louise Musgrove se cae y se hace daño. Como su estado le impide viajar, los Harville, una pareja de amigos del capitán Wentworth, le ofrecen alojamiento. Mary se queda para cuidar a su hermana. El resto del grupo se va del pequeño puerto y Anne prepara su viaje hacia Bath.

CAPÍTULOS 14-24

Anne se entera por una carta de Elizabeth de que Mr. Elliot está veraneando en Bath. Ya ha visitado en varias ocasiones a la familia con gran asombro de ésta debido a su actitud pasada. Allí Sir Walter y Elizabeth se encuentran también con Mrs. Clay, una amiga de la joven cuya presencia hace aumentar los cotilleos: ¿quiere casarse con Sir Walter, viudo desde hace muchos años?

Anne llega al fin a la ciudad termal. Allí, para su satisfacción, se encuentra con Mrs. Smith, una antigua compañera de pensión que hoy en día es viuda y está casi arruinada.

Lady Russell está encantada por el cambio de actitud de Mr. Elliot hacia su familia. Está convencida de que el hombre se quiere casar con Anne, que no sabe qué pensar de su primo, al que parece faltarle franqueza.

Anne recibe una carta de Mary anunciándole que los Croft van a ir a pasar una temporada también en Bath y que Louise, recuperada, se va a casar con el capitán Benwick. Esta noticia la sorprende porque pensaba que la joven estaba enamorada de Frederick Wentworth. Pero la idea de que el joven está libre la llena de alegría.

Unos días más tarde llegan los Croft con Frederick. Anne y Frederick salen juntos y, poco a poco, se traba una nueva relación entre ellos. Sin embargo, la presencia continua de Mr. Elliot que no deja a Anne hace imposible que intimen.

Además, poco tiempo después, Mrs. Smith revela a Anne la verdadera personalidad de su primo: Mr. Elliot era amigo íntimo de su difunto marido. Durante muchos años, los Smith le prestaron dinero, permitiéndole así crecer en la alta sociedad. Pero cuando sus amigos empezaron a tener preocupaciones financieras, les obligó a hacer inversiones que les arruinaron. Mr. Elliot, hoy en día rico, ignora a la viuda de su antiguo amigo y no la ayuda a recuperar una parte de su fortuna bloqueada en las Indias. Anne agradece a Mrs. Smith que le haya contado la verdad. De ahora en adelante sabe a qué atenerse.

Unos días más tarde, Frederick Wentworth envía a Anne una carta en la que le confiesa su amor. La joven le revela que ella también le quiere. Deciden casarse, esta vez sin oposición alguna.

En este tiempo, Mr. Elliot ha desaparecido de forma extraña. Al final sabemos la razón de su estancia en Bath y de su acercamiento con su familia: temía una unión entre Sir Walter y Mrs. Clay. De hecho, si estos dos personajes tuvieran hijos, Mr. Elliot se vería definitivamente excluido de la herencia de Kellynch. Como vio que está unión no ocurriría, decidió casarse con Anne. Pero sus planes se complicaron y huyó al final a Londres en compañía de Mrs. Clay.

ESTUDIO DE LOS PERSONAJES

ANNE ELLIOT

Anne Elliot es una joven de veintisiete años, la segunda hija de un barón casi arruinado. Aunque fuera muy guapa en su juventud, en la actualidad está un poco estropeada, apagada físicamente, pero es todavía viva e inteligente. Está dotada de una gran inteligencia, es una persona sensata que se encuentra un poco aislada entre su padre y su hermana mayor, los dos especialmente esnobs y engreídos.

Anne, que se deja convencer para rechazar la pedida de matrimonio de un joven oficial de la Royal Navy, no parece presentar el fuerte carácter que encontramos en otros personajes femeninos de Jane Austen – como Elisabeth Bennet, heroína de *Orgullo y prejuicio* (1813), una joven de voluntad de hierro, muy resuelta a encontrar la felicidad y que no deja dictar su conducta por nadie. Ocho años más tarde, cuando madura y sufre por haber seguido los consejos de los otros (amor desafortunado, juventud arruinada, belleza marchitada, etc.) Anne gana independencia de su círculo familiar y amistoso. Desde entonces, ella misma elige sus amigos, aunque eso no guste a su padre (que encuentra muy degradante la relación de su hija con Mrs. Smith, que está arruinada y vive en un barrio popular). Ella sola toma la decisión de aceptar la nueva pedida de matrimonio de Frederick Wentworth sin escuchar la opinión de sus familiares.

FREDERICK WENTWORTH

Frederick Wentworth es oficial de la Royal Navy, voluntarioso, valiente e inteligente. Ha hecho fortuna aunque desde su nacimiento no se esperaba tanto. Anne lo rechazó hace tiempo, pero Frederick no ha conseguido olvidarla. Aun así, Frederick es demasiado orgulloso como para perdonar la afrenta que le han hecho. Finalmente volverá con la joven y le confesará que nunca ha dejado de amarla.

LA FAMILIA ELLIOT

- Sir Walter Elliot es el padre de Anne. Es viudo desde hace muchos años y ha educado solo a sus hijas. Es vanidoso, se preocupa mucho por su aspecto y por las apariencias, ha vivido hasta el momento por encima de sus medios y se ve desde entonces forzado a alquilar sus tierras de Kellynch y a irse a vivir fuera, de forma más sencilla.
- Elizabeth Elliot es la hermana mayor de la familia. Tiene el mismo carácter que su padre y un único objetivo: casarse con el presunto heredero de su padre para seguir siendo la amante de Kellynch.
- Mary Elliot es la benjamina de la familia. Es la única que se ha casado y su marido es Charles Musgrove, que antes había pedido a Anne en matrimonio y que, ante el rechazo de la joven, se contentó con su hermana. Mary es hipocondríaca y reclama una atención constante bajo amenaza de languidez y depresión. Tiene muchos hijos de los que Anne se ocupa gustosamente.
- Mr. Elliot es el primo de la familia y el presunto heredero de las tierras puesto que Sir Walter Elliot no tiene hijos.

Desde hace mucho tiempo ha dejado de tener relación con su familia y se ha casado con una mujer muy rica. Hoy en día es viudo y quiere retomar contacto con sus primos por interés: el hombre quiere asegurarse de que le corresponderán los bienes de la familia como habían acordado. Es un hombre calculador y profundamente interesado.

LADY RUSSEL

Lady Russel era la amiga íntima de Mrs. Walter. Desde que ésta murió, Lady Russel ha permanecido cerca de la familia, en particular de Anne, en quien encuentra las cualidades de su madre. Es una mujer benevolente, generosa y culta. Cuando convence a Anne para rechazar la pedida de Wentworth, cree sinceramente que es lo que mejor para la joven.

MRS. CLAY

Mrs. Clay es la hija del regidor de Kellynch. Casada y divorciada, tiene hijos a los que la novela no tiene en cuenta. Es la amiga íntima de Elizabeth, en detrimento de Lady Russell que encuentra esta relación impropia, debido a los orígenes de Mrs. Clay y a su rango inferior en la sociedad.

La llegada de Mrs. Clay a Bath en casa de los Walter da mucho que hablar puesto que le cuentan la secreta voluntad de que se case con Sir Walter. Su psicología no se detalla en la novela, pero parece que es una mujer calculadora porque no duda en huir con Mr. Elliot al final de la obra. Su amistad con Elizabeth es falsa, puesto que su único objetivo es ganar posiciones en la alta sociedad.

CLAVES DE LECTURA

UNA REPRESENTACIÓN DE LA INGLATERRA GEORGIANA

Todas las novelas de Jane Austen tienen como contexto el período georgiano, época que incluye el final del siglo XVIII y el principio del siglo XIX, es decir del principio del reinado de Jorge I (1660-1727) al final del reinado de Jorge IV (1762-1830). Estos años abarcan la vida de Jane Austen. La novelista fue un perfecto testimonio de la Inglaterra de dicha época.

Fue un período rico en evolución en varios niveles:

- la corona de Inglaterra vivió varios años de guerra contra el ejército napoleónico. La Royal Navy destacaba en particular e Inglaterra venció gracias a este cuerpo del ejército. *Persuasión* ofrece una imagen particularmente positiva de la Royal Navy. Los dos principales oficiales de los que trata el texto, Croft y Wentworth, poseen las mismas cualidades: son francos, cordiales y directos. Lo contrario de la familia Elliot cuyas principales características son el esnobismo y la pretensión. Son hombres que deben su éxito únicamente a su valor personal y no a sus orígenes o fortunas, al contrario del medio que Anne frecuenta a menudo;
- la instrucción femenina se desarrolla y se democratiza. Anne Elliot encarna esta evolución: es una joven culta que conoce a los autores y que es capaz de mantener una conversación sobre literatura. Podemos pensar, sobre todo, en sus conversaciones con el capitán Benwick a

propósito de su estancia en Lyme: «Y contrastar ambos la opinión del otro sobre sus poetas preferidos; al discutir acerca de si debería preferirse *Marmion* a *La dama del lago* o del lugar que correspondía al *Giaour* y a *La novia de Abydos* [...]» (Austen 1997, cap. 11);

* las primicias del feminismo empiezan a aparecer, sobre todo con Mary Wollstonecraft (más conocida con el nombre de Mary Shelley, 1759-1797) y su obra *Vindicación de los derechos de la mujer* publicado en 1792. Hasta entonces, la mujer estaba bajo el yugo de su padre y luego de su esposo, sin libertad alguna, ni para escoger a su marido. Jane Austen lo considera como una costumbre que hay que abolir puesto que escribe al principio del último capítulo: «Cuando a dos jóvenes se les mete en la cabeza casarse, su empeño es estímulo suficiente para salir adelante, por atolondrados y pobres que sean, y aun suponiendo que todo apunte a que estén condenados a ser infelices. Podrá considerarse como mínimo deficiente la moral, de esta afirmación, pero no cabe duda acerca de su verdad y certeza» (Austen 1997, cap. 24).

EL LUGAR DE LA MUJER EN LA SOCIEDAD

Como acabamos de mencionar, en la sociedad georgiana la mujer se encontraba en una situación compleja. Estaba completamente sometida a la autoridad masculina y el patrimonio de una familia se transmitia únicamente a un heredero masculino. El caso de la familia Ellliot representa en particular este esquema: Sir Walter tiene tres hijas, pero ninguna de ellas heredará las tierras de Kellynch, que le corresponde a un primo lejano: Mr. Elliot.

Por otro lado, aunque esté casada, la mujer tiene una situación relativamente precaria: no tiene ningún derecho. Pongamos por ejemplo el caso de Mrs. Smith, la amiga que Anne encuentra en Bath. Esta mujer es viuda y su marido murió dejándola cargada de deudas. Sabe que dispone de un fondo financiero en las Indias, pero le es imposible conseguirlo. Necesita la intervención de Frederick Wentworth para tomar posesión de sus bienes. Como podemos comprobar, las mujeres no tienen ningún derecho.

Desde entonces ellas tienen que mostrarse particularmente prudentes en su elección marital, que es lo que priva a Anne de la felicidad en un primer tiempo, puesto que Wentworth no estaba considerado un buen partido: «El capitán Wentworth no era un hombre de fortuna. Es verdad que en su carrera la suerte lo había favorecido, pero nada había conservado, pues había gastado con liberalidad lo que con liberalidad había conseguido. [...] Sólo veía en ello la expresión de un carácter terco y peligroso [...]» (Austen 1997, cap. 4).

Más tarde, aunque Anne sigue queriendo a Wentworth, es el turno de éste hacer el primer paso y por orgullo y porque lo hirió con su rechazo en el pasado, se decide muy tarde a declarar su amor. Así pues, las mujeres dependen siempre de las elecciones de los hombres.

LA VIDA MUNDANA

Persuasión muestra las relaciones sociales según dos puntos de vista distintos: primero las relaciones en un medio habitual, luego las relaciones en una ciudad balnearia, Bath, que la misma Jane Austen frecuentaba.

En su lugar de origen, los Elliot no tienen relaciones sociales en los alrededores de sus tierras de Kellynch, ni siquiera con sus vecinos, salvo con Lady Russell y Mrs. Clay. Kellynch no es lugar fiestas o de reuniones que podríamos esperar, como encontramos en otras novelas de Jane Austen (por ejemplo *Orgullo y prejuicio* o *Emma*). La vida social de los Elliot en Kellynch es casi inexistente.

Por otro lado, Kellynch no es un lugar agradable para vivir: podemos pensar en la chimenea que humea en la sala para el desayuno o en la puerta de la lavandería que molesta tanto al almirante Croft que apresura a repararla.

En Bath, Sir Walter alquila una bonita casa en un sector distinguido de la ciudad. Los Elliot sólo frecuentan la alta sociedad. Corren constantemente tras los encuentros, con la idea de abrirse con los personajes más distinguidos. Poco tiempo después de la llegada de Anne a Bath, la ciudad va a reagrupar todos los actores de la historia: los Musgrove, los Croft, Frederick Wentworth. Todos se ven todos los días en salones privados o en conciertos en pequeño comité. La ciudad es el teatro ideal para el desarrollo de la intriga puesto que todo el mundo se cruza en todo momento. Frederick Wentworth no pudo encontrar mejor lugar para declararse a Anne.

PISTAS PARA LA REFLEXIÓN

ALGUNAS PREGUNTAS PARA PROFUNDIZAR EN SU REFLEXIÓN...

- Compare a Anne Elliot con las principales heroínas de Jane Austen (Elizabeth Bennet, Emma Woodhouse, etc.). ¿En qué se parece o se diferencia de ellas?
- Las novelas de Jane Austen prestan mucha atención a la condición femenina en la Inglaterra georgiana. ¿Conoce otras novelas que traten de ese tema? ¿En qué se parecen o se diferencian de las de nuestra autora?
- Se ha podido comparar a Jane Austen con las hermanas Brontë, Charlotte y Emily, autoras de *Jane Eyre* y *Cumbres borrascosas*. ¿Cree que esta comparación está justificada? Justifique su posición con ayuda de ejemplos precisos extraídos de las principales obras de cada autora.
- ¿Qué imagen del amor muestra Jane Austen en su novela?
- Esta novela nos da muchos datos históricos. ¿Podemos decir por ello que se trata de una novela histórica?
- Jane Austen vive en una época en plena evolución que ve, principalmente, los primeros días del feminismo. Por poner en el centro de la narración a una heroína femenina, ¿es *Persuasión* una novela feminista? Desarrolle la idea.
- Explique la elección del título *Persuasión*. Desarrolle su reflexión con ayuda de argumentos precisos y de ejemplos extraídos de la obra.

¡Su opinión nos interesa!
¡Deje un comentario en la página web de su librería en línea,
y comparta sus favoritos en las redes sociales!

PARA IR MÁS ALLÁ

EDICIÓN DE REFERENCIA

- Austen, Jane. *1997*. *Persuasión*. Traducido por Manuel Ortega y Gasset. Barcelona: Plaza y Janés Editores.

EN RESUMENEXPRESS.COM

- Guía de lectura de *Orgullo y prejuicio* de Jane Austen.

www.resumenexpress.com

ISBN ebook: 9782806274717

ISBN papel: 9782806286505

Depósito legal: D/2016/12603/585

Cubierta: © Primento

Libro realizado por Primento, el socio digital de los editores